ETAT GÉNÉRAL DES ÉLECTEURS

Qui ont été nommés par les Votans des LX Districts du TIERS - ETAT de la Ville & Faux - bourgs de Paris, & qui se sont assemblés Mercredi 22 Avril 1789, à l'Hôtel- de-Ville.

Sçavoir:

QUARTIER DU LUXEMBOURG.

District de *S.-André des Arcs.*

MESSIEURS.

Dorigni, Médecin,
Cuchet, Libraire.
Formé, Procureur au Parlement.
De Pille, Maître en Pharmacie.
Blin de Sainmore, Historiographe de l'Ordre du
    S.-Esprit.
Stoupe, Imprimeur.
Joly, Avocat au Parlement.
Gicquel, Avocat au Parlement.
Mitouflet de Beauvoir, Avocat au Parlement.
De Pons de Verdun, Avocat au Parlement.

District des *Cordeliers.*

Timbergue, Avocat au Parlement.
De la Malle, Avocat au Parlement.
Gaillard, l'un des XL de l'Académie françoise.
Pernot, Procureur au Parlement.
Panckoucke, Libraire.

Supppléans.

Trutat, Notaire.

A

Dupré , ancien Négociant.
Cournot , Avocat aux Conseils.
Marguet , Avocat au Parlement.
Trochereau , Conseiller au Châtelet.

District des *Carmes Déchauffés*.

Philipp , Médecin, & ancien Doyen de la Faculté.
Bro , Notaire.
Jean Guéroult, marchand Mercier.

Suppléans.

Morel , Contrôleur des Rentes.
Pinel , Médecin.
Bonneville , homme de Lettres.
Daval , ancien Echevin.
De Montyzon , Ingénieur-Architecte.
De la Rue , Notaire.
De Saint-Félix , Bourgeois.

District des *Prémontrés*.

Augier de Valdry.
Groult.
De Beauvais de Préau.
De la Baftide.
Groffet.

Suppléans.

Ortillon.
Le Coq.
Convers.
Daubigny.
Bridel.

QUARTIER DU PALAIS-ROYAL.

District de *Saint-Honoré*.

Guillotin , Docteur en Médecine.
Agaffe , Conseiller de Ville.
Ganilh.
Pitra , ancien marchand Mercier.

Garnier, ancien Procureur au Châtelet.
Quatremère, Notaire.
Séguin, marchand de Vins.

Suppléans.

De Silly, Notaire.
Réal, ancien Procureur au Châtelet.

District de S. - Roch.

Coster, premier Commis des Finances.
Hion, Agent des Troupes du Roi.
Giroust, Conseiller de Ville.
Salin, Médecin.
Maux de Saint-Marc, Négociant.

Suppléans.

Lenormand, Négociant.
Lefévre, Agent de Change.
Paulmier, Notaire.
Carré, Commissaire au Châtelet.
Lafisse, Médecin.
Desmeuniers, Censeur Royal.
De la Roche, Notaire.
Fouillette des Voyes, Avocat en Parlement.
Dufresne, Agent de Finance.
Girault, Commissaire de la Voierie.
Goupy, Apothicaire du Roi.
Rouen, Echevin.
Havard, Notaire.
Roussil de Chamferu, Médecin oculiste.
Raulin, Médecin.

District des *Jacobins S.-Honoré.*

Le Hoc, Intendant des Finances.
Goussard, Avocat en Parlement.
Pierre, ancien Directeur de la Compagnie de la
Guyanne Françoise.
Suard, l'un des XL de l'Académie françoise.
Canuel, Avocat au Parlement.

Diftrict de *S.-Philippe du Roulle.*

Baignères , Médecin.
Olivier Defclofeaux , Avocat au Parlement.

QUARTIER S. GERMAIN-DES-PRÉS.

Diftrict de l'*Abbaye S.-Germain.*

Camus , Avocat au Parlement.
Hom , Avocat au Parlement.
Régnier , Correfpondant de plufieurs Adminiftra-
  tions Provinciales.
Lohier , Marchand Epicier
Dulion , Notaire.

Suppléans.

Voyfin , Horloger.
Fortin , Marchand Drapier.
Garraud de Coulon , Avocat.
Le Roi , ancien Avocat.
Paupelin , Avocat au Parlement.

Diftrict des *Petits-Auguftins.*

Vignon , ancien Conful.
Darcet , de l'Académie des Sciences.
Offelin , Avocat.
Thouvenel , Infpecteur des Manufactures.
D'Hermand de Cléry , ancien Avocat aux Confeils.

Suppléans.

Denys , Notaire.
Le Poitevin , Avocat.
Thomas.
Bayen.
Hautefeuille.

Diftrict des *Jacobins.*

Demachy , Maître en Pharmacie.
Rofe Delépinoy , Médecin.
Blondel , Avocat en Parlement.
Duluc , Horloger.
Contou.

Diſtrict des *Théatins.*

Ruelle, père, Marchand Epicier.

QUARTIER DE L'ISE NOTRE-DAME.

Diſtrict de *S.-Louis.*

Rimbert, ancien Avocat au Parlement.
Fournel, ancien Avocat au Parlement.
Pia, Négociant.

Suppléans.

Gandolphe, Marchand de Bois quarré.
Le Couflet, ancien Notaire.

Diſtrict de *S.-Nicolas-du-Chardonnet.*

Thoüin, de l'Académie Royale des Sciences.
Robin, agrée de l'Académie Royale de Peinture,
　Cenſeur Royal.
Pia, Marchand de Vins en gros.
Marie, premier Préſident d'Election.
Armet de l'Iſle, Marchand de Bois quarré.

Diſtrict de *S.-Victor.*

Guillotte, Capitaine de Cavalerie, Chevalier de
　S.-Louis.

QUARTIER DU MARAIS.

Diſtrict des *Blancs - Manteaux.*

Target, ancien Avocat au Parlement.
Martinot, ancien Avocat au Parlement.
Picard, ancien Avocat au Parlement.

Suppléans.

De la Bonne, Procureur au Châtelet.
Charpentier de Beaumont, ancien Avocat au
　Parlement,
De Fourcroy, Médecin.
Heuvrard, Procureur au Parlement.
Blondel, ancien Avocat au Parlement.

Diftrict des *Capucins.*

De Sèze, Avocat au Parlement.
Collet, Avocat au Parlement.

Suppléans.

Brouffe des Faucherets, Avocat au Parlement.
Andelle, Notaire.
Anfon, Receveur général des finances.

Diftrict des *Enfans - Rouges.*

Le Roux, Secrétaire du Parquet & de la Chambre
des Comptes.
Aubert, Secrétaire d'une Affemblée provinciale.

Suppléans.

Boucheron, ancien Grand-Garde de la Mercerie.
De Bourges, ancien Directeur de l'hôpital mili-
taire de Calais.
Gillard, Chirurgien.

Diftrict des *Pères Nazareth.*

Parques, Avocat au Parlement, Commiffaire
Affeffeur du Bailliage du Temple.

QUARTIER SAINTE - GENEVIEVE.

Diftrict de *Saint - Etienne - du - Mont.*

De la Vigne, Avocat au Parlement.
Duveyrier, Avocat au Parlement.
De la Lande, de l'Académie des Sciences.
Bataille, Maître en Pharmacie.
De Vauvilliers, Profeffeur au Collége Royal.

Suppléans.

Cailleau, Imprimeur.
Defprez, Imprimeur.
Cormier, Procureur au Châtelet.
Giart, Notaire,
Rouanville, marchand Boucher.

District du *Val-de-Grâce.*

Darimajou, Avocat.
Bosquillon, Avocat au Parlement.
Le Roi de l'Isle, ancien Négociant.
Desbans, Avocat.
Patris, Maître de pension.

Suppléans.

Dumesnil, Docteur Aggrégé de la Faculté de Droit.
Gallien, Greffier en la Cour.
Berthelot, Docteur Aggrégé de la Faculté de Droit.

District de *Saint-Marcel.*

Henry de Saint-Pierre, Bourgeois,
Aclocque, Marchand Brasseur.
Huguet.
Bourdon.
Moinery.

Suppléans.

Causette.
Rubigny.

QUARTIER SAINT-DENYS.

District de *S.-Nicolas-des-Champs.*

Delondre, père, Marchand Epicier.
Fremin, Avocat.
Lefévre, Négociant.
Chantereyne, Avocat.

Suppléans.

Farcot, Négociant.
Léguillier, Négociant.
Andry, Négociant.
Garnier, Négociant.
Séjourné, Marchand Epicier.
Dumas, Marchand Epicier-droguiste.

District de *Ste.-Elizabeth.*

Deleinte, Marchand Mercier.
Le Sacher, Notaire.

Prévôt de St-Lucien , Avocat au Parlement,
Pluvinet , Marchand Epicier.

Suppléans.

Rapeau.
Descombes.
Girard
Le Vacher.

Diftrict des *Filles - Dieu.*

Le Vaffeur , Marchand Epicier.
De la Bergerie , de la Société Royale d'Agriculture,
Santerre , Marchand-Fabricant.
Le Moine , ancien Maire de Dieppe,
Larrieu , Avocat au Parlement.

Suppléans.

Vigé de Jollival.
Le Chien , dit Raimond , Architecte.

Diftrict de *S. - Laurent.*

Bourdon des Planches , Entrepreneur de manufac-
ture de porcelaine.

QUARTIER DE LA CITÉ.

Diftrict des *Barnabites.*

De la Frenaye , Négociant.
Le Moine , l'ainé , Orfévre.
De la Croix de Frainville , Avocat,
Magimel , jeune , Orfévre.
Minier , Orfévre.
Périer , ancien Notaire.
Etienne de la Rivière , ancien Avocat.

Diftrict de *Notre - Dame.*

Huteau , Avocat au Parlement.
Neveu , Epicier.
Oudet , ancien Avocat au Parlement.
Dandry.
Boudaille , Marchand de vins.

Suppléans.

Dumouchet, Avocat.
Vergnaux, maître Maçon.

Diftrict de *S.-Severin.*

De la Saüdade, Avocat.
De la Fournière.

Suppléans.

Méquignon, Libraire, au Palais.
Grouvelle, Marchand Orfévre.
Gaillard, Notaire.
Des Roches, Procureur au Parlement.
Groizard, Officier d'Infantrie.

QUARTIER DU LOUVRE.

Diftrict de *S.-Germain-l'Auxerrois.*

Dumangin, Médecin.
Dosfant, Notaire.
Legrand de Saint-René, Avocat au Parlement.
Brochant, Négociant.
Bévière, Notaire.

Suppléans.

Formé, Payeur des Rentes.
Francotay, l'aîné.

Diftrict de *l'Oratoire.*

Maffiette, ancien Agent-de-Change.
Trudon, Marchand Manufacturier de Cire.
Mayot, Négociant.
Duport Dutertre, Avocat au Parlement.

Suppléans.

Monnot, Notaire.
Cadet, Apothicaire.
Lemire, Notaire.

Diftrict des *Feuillans.*

Bailly, Membre de trois Académies.
Moreau, Bourgeois.

Marmontel, Secrétaire perpétuel de l'Académie
Françoise.
Bigot de Préameneu, Avocat au Parlement.
Cholet, Conservateur des Hypothéques.
Dusaulx, de l'Académie des Inscriptions & Belles-
Lettres.
Moreau, Notaire.
De Lavigne-Deschamps, Avocat.

District des *Capucins de S.-Honoré.*

Chéron de la Bruyère, Avocat au Parlement.

Suppléans.

Guyard, Maître en Pharmacie.
Gion, Bourgeois de Chaillot.
Garin, Maître Boulanger.
Lubin, Maître Boucher.

QUARTIER S.-EUSTACHE.

District de *S.-Eustache.*

Bancal des Essards, ancien Notaire.
Gorrant, Négociant.
Chignard, Procureur au Châtelet.
Chaudot, Notaire.
De Leustre, Négociant.

Suppléans.

Pérignon, Avocat aux Conseils du Roi.
Moreau de Saint-Méry, Conseiller au Conseil Su-
périeur de Saint-Domingue.
Gittard, Notaire.
Gavet, Procureur au Châtelet.
Cavelier, Négociant.

District des *Petits-Pères.*

Famin, ancien Echevin & Conseiller de Ville.
Rameau, Notaire.
Foucher, Payeur des Rentes.
Le Févre de Corbinière, Procureur au Châtelet.
Dupeuty, Avocat-ès-Conseils.

Diſtrict des *Filles S.-Thomas.*

De la Cretelle, Avocat au Parlement.
De Sérionne, Avocat.
Taſſin, Banquier.

Suppléans.

Ducloz du Freſnoy, Notaire.
Carra, Employé à la Bibliothéque du Roi.

Diſtrict des *Capucins de la Chauſſée-d'Antin.*

Perrier l'aîné, de l'Académie des Sciences.

Suppléans.

Defreſne, Commiſſaire au Châtelet.
Gondoin, Architecte du Roi.
Bélot du Sauſſoy, ayant rang d'Officier d'Infanterie.
Allaire, Adminiſtrateur-Général des Domaines.

QUARTIER DE SORBONNE.

Diſtrict des *Maturins.*

Agier, ancien Avocat.
Treilhard, ancien Avocat.
Blonde, ancien Avocat.
Gaucher, Deſſinateur - Graveur.
Caſſin, Chapelier.

Suppléans.

Baudouin, Imprimeur.
Moutard, Imprimeur.
Clouſier, Imprimeur.
Boulanger, Marchand Papetier.
Serpaud, Avocat.

Diſtrict de *Sorbonne.*

Courtin, Avocat au Parlement.
Mathon, Bourgeois de Paris.
Camus, Conſul.
Minier, Avocat au Parlement.
Lelong, Marchand Drapier.

Diſtrict de *Saint-Jacques du-Haut-Pas.*

Eſtienne, Juge-Conſul, en exercice.

QUARTIER DE LA PLACE ROYALE.

Diſtrict du *Petit S-Antoine.*

Dufour, ancien Avocat au Parlement.
Trudon, Notaire vétéran.
Michault, Procureur au Châtelet.
Picard, Rotiſſeur-Traiteur.
De la Motte, Notaire à Paris.

Suppléans.

Oudart, Avocat au Parlement.
Bonnaire, Négociant.

Diſtrict des *Minimes.*

Gaudray, Notaire.
Fauconnier, Avocat au Parlement.
Tiron, Secrétaire général de l'Ordre de Malte.
Lormeau, ancien Notaire.
Soules, Bourgeois de Paris.

Suppléans.

Chéret, Conſeiller de Ville.
Broſſelard, Avocat au Parlement.
Porchon de Bonval, ancien Notaire.

Diſtrict de *Trainel.*

Le Maſle, Marchand Epicier.
Jouin, Maître - ès - Arts.

Diſtrict de *Sainte - Marguerite.*

Simonet de Maiſon-Neuve, Marchand Mercier.
Guibout - Midi, Négociant.
De Saint-Jean, ancien Juge-Conſul.
Defeſcoutes, Négociant.

Suppléans.

Réveillon, Entrepreneur de Manufactures de
   papier peint.
Damoye, Marchand.

QUARTIER DES SS. INNOCENS.

Diſtrict des *Grands-Auguſtins.*

Germain , Négociant.
Poignot , Négociant.
Gibert , Notaire.
Pion de la Roche , Avocat au Parlement.
Guyot , ancien Echevin & Doyen des Quartiniers.
Suppléans.
Brunet , Avocat au Parlement.
Rouſſeau , Négociant.
Magny , Procureur au Châtelet.
Delon , Négociant.
Révérard , Négociant.

Diſtrict de *S.-Jacques-l'Hôpital.*

Montauban , Négociant.
De la Poize , Architecte.
Berthereau , Procureur au Châtelet.
Gobin , Notaire.
Charier , Procureur au Châtelet.
Suppléans.
Bourdois , Avocat au Parlement.
Fortin , Procureur au Châtelet.
Ferry , Greffier des Requêtes du Palais.
Le Roi , Horloger du Roi.
Bernard , Maître Cordonnier.

Diſtrict de *Bonne-Nouvelle.*

Chanorier , Négociant.
Girardin , Notaire.
Avrillon , Huiſſier-Commiſſaire-Priſeur.
Charpentier , Maître Maçon.
Tiron , Notaire.

Diſtrict de *S.-Lazare.*

Le Prince , Marbrier.
Charlard , Maître en Pharmacie.

QUARTIER DE L'HOTEL-DE-VILLE.

Diftrict de *Saint - Jean.*

Le Févre de Gineau , Profeffeur au Collége Royal.
Boyé , Chirurgien.

Suppléans.

Cahours , Marchand Bonnetier.
Dofmont , Architecte-Expert.
Dameuve , Avocat au Parlement ,

Subfidiaires.

Bofmond , Avocat au Parlement.
Dameuve , Avocat & Procureur au Parlement.
Pinatel , Marchand Orfèvre.

Diftrict de *Saint - Gervais.*

Fieffé , Notaire.
Le Gras de S.-Germain , Confeiller au Châtelet.
Hureau , Avocat au Parlement.
Gaudefroy , Procureur au Parlement.
Daugny , Avocat aux Confeils.

Suppléans.

Flament , Procureur au Parlement.
Gueullette , Commiffaire au Châtelet.
Poliffard , Marchand de vin.
Ricard , Huiffier à cheval au Châtelet.
De Caftillon , Avocat au Parlement.

Diftrict de *Saint - Louis - la - Culture.*

Thuriot de la Rofière , Avocat au Parlement.
Laborie , Apothicaire.

Suppléans.

Colinet , Marchand Drapier.
Langlois , Procureur au Parlement.
Lieffe , Marchand Mercier.

Diftrict des *Enfans - Trouvés, F.-B. S.-Antoine.*

Santerre , Maître Braffeur.
Le Jeune , Avocat en Parlement.

Suppléans.

Héricourt , Marchand Mercier.
Santerre , Bourgeois.

QUARTIER S.-MARTIN.

Diſtrict de *S.-Méri.*

Samſon, Bâtonnier de l'Ordre des Avocats.
Hochereau, ancien Procureur au Parlement.
Boullanger, ancien Conſul.
Gorneau, Agréé pour porter la parole aux Conſuls.
Thorillon, Avocat au Parlement, & ancien Procureur au Châtelet.
Le Cointe, ancien Conſul.
De la Fleutrie, Avocat au Parlement.
Maupas, Notaire.

Diſtrict du *Sépulchre.*

Boſcary, Négociant.
Thilorier, Avocat au Parlement.
Pariſot, Avocat au Parlement.
Vermeil, Avocat au Parlement.
Petit, Notaire.

Suppléans.

Boucher.
Ladreue.

Diſtrict de *S.-Martin-des-Champs.*

Hecquet, Avocat au Parlement.
Gueſnon, Bourgeois.
Langlois, ancien Receveur-général des Domaines & Bois.
Buſſac, Avocat.

Suppléans.

Cellier, Maître Corroyeur.
Rives, Bourgeois.
Jaillier, Architecte.
Luciot, Bourgeois.
Mermilliot, Négociant.
Vaſſeur, Avocat.

Diſtrict des *Récolets.*

Falconet, Avocat au Parlement.
Charton, Fabricant de Draps.

QUARTIER DES HALLES.

District de *S.-Jacques-la-Boucherie.*

Gibert, ancien Juge-Consul.

District de *S.-Leu.*

Le Coulteux de la Noraye, Banquier.
Gavaignac, Procureur au Châtelet.
Mayeux, Notaire.
Jannin, Bourgeois.
Le Raîle, Avocat.

Suppléans.

Le Coulteux du Molay , Banquier.
Gibert, Quartinier.

District de *S.-Magloire.*

Brelut de la Grange , Notaire.
Bonhomme de Commeyras , Avocat.
Hugues, Commissaire honoraire du Châtelet.
Vigée, Secrétaire du Cabinet de Madame.
Pérégaux , Banquier.

Suppléans.

Fissour , Agent de Change.
Soufflot de Mercy, Avocat en Parlement.
Poulletier , Avocat en Parlement.

District de *S.-Joseph.*

Bélanger, premier Architecte de M. le Comte d'Artois.
Durel , l'aîné.
De Villeneuve , Thrésorier-général de la Ville.
Margantin , Notaire.
Hermand.

Suppléans.

Défentelles.	Tonnelier.
De la Chénaye.	Godefert.
Briantoix.	Delaplace.
Constant.	Durer , le jeune.

De l'Imprimerie de LOTTIN *l'aîné*, & LOTTIN de *S.-Germain*,
Imprimeurs Ordinaires de la VILLE, 1789.

O